PAIDEIA
ÉDUCATION

MIXTE
Papier issu de sources responsables
Paper from responsible sources
FSC® C105338

NIKOLAÏ GOGOL

Le Mariage

Analyse littéraire

© Paideia éducation.

22 rue Gabrielle Josserand - 93500 Pantin.

ISBN 978-2-75930-069-3

Dépôt légal : Septembre 2023

Impression Books on Demand GmbH

In de Tarpen 42

22848 Norderstedt, Allemagne

SOMMAIRE

- Biographie de Nikolaï Gogol.. 9

- Présentation du *Mariage*.. 15

- Résumé de la pièce.. 19

- Les raisons du succès.. 33

- Les thèmes principaux.. 39

- Étude du mouvement littéraire................................. 47

- Dans la même collection.. 53

BIOGRAPHIE DE
NIKOLAÏ GOGOL

Basile Afnassiévitch Gogol-Yanovski et Marie Ivanovna Kossiarovskaïa, tous deux issus de la petite noblesse ukrainienne, se marient en 1805 et donnent naissance cinq ans plus tard à Nikolaï Vassiliévitch Gogol-Yanovski, le 1er avril. Il est l'aîné de douze enfants, mais un seul de ses frères et quatre des ses sœurs survécurent. Nikolaï Gogol est de santé fragile.

Il passe son enfance dans la propriété familiale et passe souvent ses vacances chez un cousin de sa mère qui possède un théâtre privé où sont jouées des pièces écrites par son père. L'un de ses frères meurt quand il est au collège. Entre 1821 et 1828, Gogol est un élève médiocre, agité. Il organise un théâtre et ses talents d'acteur et d'imitateur sont remarqués par ses professeurs. Ses études de droit le préparent à travailler dans l'administration publique. Son père meurt en 1925. À partir de cet événement traumatique, Nikolaï Gogol ne cessera de devenir de plus en plus moralisateur.

En décembre 1828, il part pour Saint-Pétersbourg avec un ami et son valet. Quatre mois plus tard, il publie un poème, « Italie », dans la revue *Le Fils de la Patrie*. En juin, il publie le poème « Hans küchelgarten » sous le pseudonyme de V. Alov. Ce poème fait l'objet de critiques acerbes. Gogol s'empresse de retirer tous les exemplaires de la vente et de les brûler. Il considère cet évènement comme la pire honte de sa vie. Il trouve un petit poste de fonctionnaire au ministère de l'Intérieur. Sa mère lui fournit des histoires et des anecdotes pour qu'il puisse écrire *Les Veillées du hameau*. En 1830, il tente de devenir acteur, mais échoue.

L'année suivante il publie *La Femme* sous son véritable nom et un essai critique sur *Boris Godounov* de Pouchkine dans la revue *La Gazette littéraire*. Un de ses amis lui procure le poste de professeur d'Histoire à l'Institut patriotique.

En mai, il rencontre Pouchkine et entre dans les milieux littéraires. En 1831 et 1832, il publie les deux tomes de *Les Veillées du hameau*. Il rencontre Michel Chtchepkine, grand acteur comique. Pour sa publication de *La Brouille*, Gogol est surnommé « Paul de Kock petit-russe » par le critique Ossip Senkovski. L'année 1835 est prolifique : publication des *Arabesques*, de *La Perspective Nevsky*, du *Portrait* et du *Journal d'un fou*, de *Tarass Boulba*, un roman. Il fait des lectures pour *Prétendants* et *Hyménée* qui remportent un fort succès.

Pouchkine raconte l'histoire d'un escroc à Gogol, qui deviendra le sujet des *Âmes mortes*. Pouchkine lui raconte également l'histoire du Paul Svinine qui fut pris pour un envoyé du gouvernement en Bessarabie. Gogol écrit le *Révizor* avant la fin de l'année. *Le Nez*, lu en 1836, est couronné de succès. *Le Révizor*, quant à lui, représenté devant l'empereur et la haute société scandalise : les conservateurs y voient une critique de l'empire et les libéraux une critique des institutions corrompues. L'année s'écoule, Pouchkine meurt lors d'un duel à Saint-Pétersbourg. Gogol était à Paris et part pour l'Italie. Son ami Joseph Vielgorski meurt deux ans après, il est traumatisé.

Il consacre l'année 1839 à la réécriture de ses œuvres et à l'écriture de nouvelles dont *Le Manteau*. Pendant trois ans, il travaille avec enthousiasme sur l'écriture des *Âmes mortes*. En juillet 1841, *Les Âmes mortes* sont soumises à la censure qui exige plusieurs modifications. La première partie des *Âmes mortes* est publiée l'année suivante. Sa comédie, *Hyménée* est représentée à Saint-Pétersbourg, elle obtient une opinion défavorable. Il devient de plus en plus pieux et s'intéresse de plus en plus aux textes religieux. Il est mécontent de son travail et ne cesse de voyager en Europe : Italie,

France, Russie, Allemagne, Autriche.

En décembre 1846, il publie des *Extraits choisis de sa correspondance* pour se racheter du mal qu'ont fait ses livres. Le public est consterné par le tournant mystique et prophétique de ses lettres. Gogol soumet ses lettres au père Matthieu Constantinovsky qui lui demande de renoncer à ses écrits. Bielinski soustrait des écrits de Gogol une peur maladive de la mort, du diable et de l'enfer. 1848, Gogol part pour Jérusalem. À son retour, Il recommence à travailler les *Âmes mortes* et à voyager. Gogol est de plus en plus faible et fait souvent des crises de dépression. Madame Khomiakov meurt, il abandonne tout projet et se prépare à la mort. Dans la nuit du 11 février 1852, Gogol ordonne à son serviteur de jeter la deuxième partie des *Âmes mortes*, il lui obéit. Il meurt le 21 février 1852 à huit heures du matin.

PRÉSENTATION
DU MARIAGE

Le Mariage, également traduit du russe par *Hyménée* ou *La Noce*, est un échec critique et public. Écrite entre 1833 et 1835, puis profondément remaniée en 1841-1842, cette pièce que le sous-titre qualifie d'« aventure parfaitement invraisemblable en deux actes » est jouée au Théâtre Alexandra, théâtre impérial, le 9 décembre 1842 dont le rôle phare, celui de Plikaplov, est interprété par Sosnistky, comédien de grande renommée.

Kapilotadov, fonctionnaire, conseiller surnuméraire, homme vaniteux, passe ses journées chez lui à fumer la pipe, et parce qu'il est vaniteux décide de se marier en secret et, pour ce faire, de louer les services de Fiokla Ivanovna, une véritable escroc, menteuse et manipulatrice. Elle lui propose de rencontrer la jeune et jolie Agafia Agafonovna, fille de commerçant, niaise et crédule, en même temps que cinq autres prétendants, tous aussi imbus de leur personne, voyant dans le mariage la dot, une convention traditionnelle, une quête du plaisir charnel.

Joué de nouveau le 5 février au Théâtre Bolchoï avec Chtchepkine dans le rôle de Kapilotadov, la pièce est de nouveau un échec. Les jeux de mots, le vulgaire, l'absurde ne séduisent pas. *Le Mariage*, de même que toutes les œuvres de Nikolaï Gogol, dénonce la vacuité et la vanité de l'homme russe de bonne éducation, critique en arrière-plan un système social défaillant dans lequel l'homme russe n'est plus adapté à la société traditionnelle qui exige philanthropie et regard vers l'autre.

RÉSUMÉ DE LA PIÈCE

Personnages

Agafia Agafonovna, *fille de marchand*, *la fiancée*
Arina Pantéléïmonovna, *sa tante*
Fiokla Ivanovna, *la marieuse*
Douniachka, *la bonne d'Agafia Agafonovna*
Kapilotadov, fonctionnaire, *conseiller surnuméraire*
Plikaplov, *son ami*
Omelette, *huissier*
Mamimine, *officier d'infanterie à la retraite*
Chikine, *marin*
Pépev, *marchand*
Stépane, *domestique de Kapilotadov*

Acte I

Scène 1

Dans une chambre de célibataire, Kapilotadov, allongé sur un divan avec une pipe, pense au mariage.

Scène 2

Stépane entre, Kapilotadov l'interroge sur ses fracs qu'il a commandés chez le tailleur.

Scène 3

Kapilotadov préfère le noir pour son habit, cela fait plus colonel. La couleur est destinée aux sous-officiers.

Scène 4

Stépane entre, Kapilotadov l'interroge sur le cirage qu'il lui a fait acheter pour le mariage.

Scène 5

Kapilotadov est seul, il n'est pas question qu'il ait de mauvaises bottes, cela nuit au respect.

Scène 6

Kapilotadov hèle Stépane et lui demande s'il a bien précisé que pour les bottes, il n'avait pas de cors au pied. Le cordonnier lui a dit que c'était bien.

Scène 7

Pour Kapilotadov, le mariage, c'est une grande affaire. Stépane annonce la venue de la vieille.

Scène 8

Kapilotadov interroge Fiokla Ivanovna, la marieuse, sur sa future mariée et sur la dote qu'il recevra sous forme immobilière. Kapilotadov reproche à la vieille que sa future mariée soit d'un père commerçant. Elle lui propose de la voir, mais lui se plaint du temps, alors elle le menace d'avoir des cheveux blancs avant de s'être marié dans ces conditions. Kapilotadov panique, il croit avoir un cheveu blanc. Il sort vers l'autre pièce.

Scène 9

Plikaplov entre en courant. Il reproche à Fiokla Ivanovna de l'avoir marié. Son épouse ne lui convient pas. Il apprend que Kapilotadov veut se marier sans l'avertir.

Scène 10

Plikaplov fait peur à Kapilotadov qui casse son miroir. Plikaplov interroge son ami qui nie vouloir se marier, la preuve est là, Fiokla Ivanovna. Aussi décide-t-il de marier son ami au lieu de le laisser aux mains de Fiokla Ivanovna.

Scène 11

Plikaplov veut emmener le futur marié voir la futur mariée. Kapilotadov refuse. Plikaplov tente de le convaincre des bénéfices du mariage, avoir une femme toujours avec soi, et des enfants qui lui ressemblent. Kapilotadov se motive, puis renonce. Plikaplov s'énerve, ordonne à Stépane de l'habiller. Ils sortent.

Scène 12

Agafia Agafonovna se tire les cartes. Arina Pantéleïmonovna, sa tante regarde par-dessus son épaule. Elle tire un roi de trèfle. Sa tante pense que c'est un commerçant qu'elle connaît. Agafia Agafonovna refuse de l'avoir pour époux, Fiokla Ivanovna lui a assuré qu'elle se marierait avec un homme avec une bonne situation.

Scène 13

Fiokla Ivanovna entre, elle vient annoncer la venue de six fiancés. Agafia Agafonovnase lui demande de faire un portrait de chacun. Ils sont tous de bonne situation, mais sont aussi tous peu séduisants. On frappe à la porte, rien n'est près. Agafia Agafonovna n'est pas présentable et va s'habiller. La maison est dans le désordre, alors on tente de lui redonner une belle apparence. Toutes finissent par fuir.

Scène 14

Douniachka, la bonne d'Agafia Agafonovna, fait entrer Omelette. Ce dernier lit à haute voix une liste que lui a donnée Fiokla Ivanovna et la compare avec la maison et les objets en présence. On sonne à la porte, Douniachka ouvre.

Scène 15

Mamimine entre, la bonne le fait patienter. Mamimine croit qu'Omelette est le père de la fiancée. Omelette comprend rapidement qu'ils viennent pour le même dessein. On sonne, la bonne va ouvrir.

Scène 16

Chikine entre, suivi de la bonne à qui il donne des ordres et raconte sa biographie comme un cours d'Histoire. Il raconte à Omelette son escapade en Sicile et sa facilité de se faire comprend des Français. On sonne, Fiokla Ivanovna entre. De nouvelles voix se font entendre.

Scène 17

Plikaplov et Kapilotadov entrent. Plikaplov tente de regarder par la serrure de la porte de la fiancée. Il est blâmé, puis rejoint par les autres. Quelqu'un bouge dans la chambre, ils se dispersent.

Scène 18

Agafia Agafonovna et Arina Pantéléïmonovna font leur entrée. La marieuse demande à chacun de se présenter et les invite à s'asseoir. Ils viennent en réponse à une annonce ou pour du bois, par voisinage ou pour ce que l'on sait en vérité. Plikaplov prétend être de la même famille par sa femme.

Scène 19

Un certain Pépev les rejoint : on l'aurait informé sur la possibilité de pouvoir acheter de la laine. Arina Pantéléïmonovna l'invite à s'asseoir. On parle du temps et de la solitude de ne pas être marié. Tout d'un coup, l'un des prétendants interroge Agafia Agafonovna sur la situation de l'époux qu'elle désire. Elle prend peur et s'enfuit, suivie de sa tante et de l'entremetteuse.

Scène 20

L'entremetteuse revient, ils demandent des explications sur ce départ précipité. Elle leur propose de revenir le soir même prendre une tasse de thé. Ils s'indignent, puis sympathisent entre eux au point de faire un bout de chemin en partant.

Scène 21

Plikaplov et Kapilotadov sont seuls sur scène. D'abord Kapilotadov critique le nez de la fiancée, trop grand, parce qu'il vient d'entendre cette critique d'un autre des prétendants. Plikaplov réussit à lui convaincre du contraire, c'est une belle jeune fille. Il fait jurer son ami de tout faire pour l'avoir.

Acte II

Scène 1

Agafia Agafonovna hésite à choisir, elle les compare tous. Finalement, elle préfère s'en remettre à la chance et écrit sur des bouts de papier les noms de chacun qu'elle doit tirer au sort. Elle tire les quatre et veut recommencer. Cependant, Plikaplov intervient et fait un panégyrique de son ami, il est mieux que les autres. Agafia Agafonovna craint d'annoncer aux autres prétendants son choix. Plikaplov lui conseille de mentir ou d'être, cela n'a pas d'importance. On frappe à la porte, Plikaplov sort par l'entrée de service.

Scène 2

Omelette entre, il la demande en mariage. Agafia Agafonovna prétend être trop jeune pour se marier. On sonne.

Scène 3

Chikine entre. Omelette fait en sorte qu'il soit vu et renouvelle sa demande en mariage. La sonnette retentit.

Scène 4

Mamimine les rejoint. Omelette s'échauffe, redemande à Agafia Agafonovna. Elle prend peur et lui crie de foutre le camp. Elle s'enfuit, croyant qu'il va la battre. La sonnette retentit, on entend les voix de Plikaplov et de Kapilotadov.

Scène 5

Omelette interroge Plikaplov sur son soi-disant lien de parenté avec la fiancée et lui demande si elle est idiote. Plikaplov répond que oui et non, elle ne possède aucun bien. Omelette s'échauffe. Mamimine lui demande si elle sait parler le français, Plikaplov répond négativement.

Scène 6

Dès son entrée, Fiokla Ivanovna est calomniée. Ils l'accusent tous de leur avoir menti et tous, excepté Plikaplov, partent indignés, avec le sentiment d'avoir perdu leurs temps.

Scène 7

Plikaplov rit à gorge déployée en montrant du doigt Fiokla Ivanovna dont il se moque car c'est une mauvaise marieuse.

Scène 8

Plikaplov continue de rire et se vante de savoir mieux marier que la marieuse. Chikine l'entend et lui demande de le marier avec la jeune dame. Plikaplov tente de le convaincre du contraire et lui dit qu'elle n'a pas de dot. Chikine réplique que la dot n'a pas d'importance, ce qu'il voit, lui, ce sont les arguments féminins. Plikaplov accepte, mais il faut que l'homme soit absent pendant qu'il discute avec Agafia Agafonovna. Chikine part et Plikaplov peste de ne voir arriver Kapilotadov.

Scène 9

Agafia Agafonovna revient sur scène et s'étonne de les voir tous partis. Elle a eu très peur d'Omelette. Plikaplov la rassure. Et les autres, pourquoi ne devrait-elle pas se marier avec ? Chikine est selon lui un ivrogne. Chikine sort la tête et écoute ce que Plikaplov raconte. Un ivrogne ! Il entre sur scène et se plaint de ses manières. Il fait une révérence à la jeune femme, Plikaplov en profite pour lui dire que Chikine ne tient pas debout. Plikaplov part.

Scène 10

Agafia Agafonovna sent la migraine venir et tente de s'échapper. Chikine lui explique que ses défauts, la calvitie, son teint pas assez blanc, peuvent être améliorés.

Scène 11

Chikine ne comprend pas, c'est la dix-septième fiancée qui se refuse à lui. Il n'a pas de véritable défaut. La rencontre commence toujours bien et s'achève toujours par un refus. Il s'en va.

Scène 12

Plikaplov, accompagné de Kapilotadov, entrent discrètement. Chikine fait une drôle de tête. Kapilotadov s'interroge sur la perspective d'un refus. Plikaplov le rassure et prétend que la jeune fille est folle de lui.

Scène 13

Agafia Agafonovna entre. Plikaplov fait des compliments sur Kapilotadov. Il ajoute que Kapilotadov est timide et qu'il faudra faire quelques efforts pour discuter et se montrer jolie. Il les quitte et va s'occuper du traiteur qu'il a commandé pour le dîner du soir.

Scène 14

La discussion est entrecoupée de silences, et est nourrie de banalité : le temps, la fleur préférée de mademoiselle, le courage de l'ouvrier qui monte sur le toit. Kapilotadov s'excuse, il croit l'ennuyer. Elle dénie. Ils se verront un autre jour.

Scène 15

Agafia Agafonovna semble charmée. L'homme qu'elle a vu est modeste, réfléchi, et il ne parle pas pour ne rien dire. Elle veut faire l'effort de bavarder plus, mais son cœur battant l'en empêche. Elle part tout raconter à sa tante.

Scène 16

Plikaplov revient sur scène avec Kapilotadov. Pourquoi pars-tu ? Lui demande-t-il. Il a passé un bon moment et compte la revoir. Plikaplov lui demande s'il a fait sa déclaration d'amour, s'il la demandé en mariage. Kapilotadov veut la revoir plusieurs fois avant de se décider. Plikaplov avait organisé le mariage pour le soir même et se sent blessé, il supplie son ami à genou, et lui crie « connard » quand celui-ci refuse d'y retourner. Ils se querellent et Kapilotadov part.

Scène 17

Plikaplov est furieux. Il se démène pour un ami, non pas pour un membre de sa famille. Pour qui se prend-il ? Il l'insulte de démon, de canaille, de bête, de face de rat. « Une gueule pareille, personne n'est assez fort pour l'inventer. » Il décide de le ramener immédiatement chez Agafia Agafonovna.

Scène 18

Agafia Agafonovna ne peut s'empêcher de penser à lui ; elle a bien essayé de l'effacer de sa tête sans succès. Elle ne veut pas perdre son état de jeune fille, elle ne veut pas avoir d'enfants chamailleurs, des petites filles qui deviendront des jeunes filles et qu'il faudra marier à des hommes honnêtes. Que fait-il, Kapilotadov ?

Scène 19

Plikaplov pousse Kapilotadov sur scène, il lui souffle quoi dire. Kapilotadov a honte, il n'ose pas avouer ses sentiments. Plikaplov le fait pour lui et demande Agafia Agafonovna en mariage, toujours pour son compagnon. Elle accepte. Plikaplov les bénit. Kapilotadov demande à sa fiancée, en balbutiant, si elle accepterait de se marier immédiatement. Plikaplov a déjà tout préparé, le carrosse attend. Elle accepte.

Scène 20

Kapilotadov remercie chaudement Plikaplov. Ils se réjouissent ensemble du mariage et se réconcilient. Plikaplov retourne s'occuper des préparations du mariage.

Scène 21

Kapilotadov se souvient de sa vie de célibataire, une vie banale, de solitude, vide. Il estime que les célibataires qui ne veulent pas se marier font une grande bêtise, ils sont aveugles. Quand il sera marié, il est certain qu'il sera heureux. Plus il y pense, plus il a l'impression d'être coincé, aucune moyen de s'échapper, il vérifie toutes les ouvertures. Il saute par la fenêtre et hèle un cocher qui le conduit au petit canal.

Scène 22

Agafia Agafonovna entre sur scène en robe de mariée, timide, la tête baissée. Elle s'aperçoit de l'absence de Kapilotadov et demande à Fiokla Ivanovna s'il est parti. Fiokla Ivanovna répond que la garde est tenue et qu'il n'a pu sortir de ce côté. Agafia Agafonovna appelle sa tante.

Scène 23

Arina Pantéléïmonovna sort de sa chambre, il n'est pas avec elle. Elles s'inquiètent.

Scène 24

Plikaplov arrive. On lui explique la situation, lui aussi est formel, il n'a pas pu partir sans son chapeau qu'il a emmené avec lui. Ils décident d'interroger la bonne qui est restée dehors.

Scène 25

Douniachka les informe que Kapilotadov a sauté par la fenêtre. Il a pris un fiacre et s'est en allé. Agafia Agafonovna pousse un cri. Arina Pantéléïmonovna est déshonorée, honteuse. Elle traite Plikaplov de fripouille. Furieuse, elle ramène la fiancée. Fiokla Ivanovna traite Plikaplov de mauvais marieur. On ne veut plus de son fiancé.

LES RAISONS
DU SUCCÈS

Nikolaï Gogol a commencé à écrire *Le Mariage* en 1833 et a achevé de l'écrire une première fois en 1835. Son écriture précède la représentation scénique du *Révizor*, chef-d'œuvre dramatique de Nikolaï Gogol, la première au Théâtre d'Alexandra en 1836 fait polémique.

Lettre de Nikolaï Gogol à Chtchepkine, le 29 avril 1836, à propos du *Révizor* : « Maintenant, je vois ce que c'est que d'être un écrivain comique. Au plus petit signe de vérité, vous vous voyez dresser contre vous non pas un homme, mais des corporations entières. J'imagine ce que ç'aurait été si j'avais pris quelque chose de la vie de Pétersbourg, qu'aujourd'hui je connais plus et mieux que la vie de la province. »

En 1841 et 1842, Nikolaï Gogol, avant de faire représenter *Le Mariage* sur scène, remanie la pièce en profondeur par crainte de la réaction du public. *Le Mariage* est représenté pour la première fois le 9 décembre 1842 dans le même théâtre que le *Révizor*, le Théâtre Alexandra, avec l'immense acteur Sosnitski dans le rôle principal, celui de Plikaplov. La pièce n'a aucun succès. Une autre représentation est prévue le 5 février 1843 au Théâtre Bolchoï, elle suscite la même réaction auprès du public. C'est un échec. Pourtant, Nikolaï Gogol savait s'entourer des meilleurs artistes et notamment de Chtchepkine, metteur en scène et acteur considéré comme le plus grand de Russie :

Lettre de Nikolaï Gogol à Chtchepkine, le 28 novembre 1842, à propos du *Mariage* : « Le Mariage, je pense que vous savez comment le faire, puisque, Dieu soit loué, vous n'êtes pas célibataire. Pour Jikovini, qui vous mariera, vous pourrez lui inculquer ce qu'il faut, d'autant que vous m'avez entendu lire ce rôle. Et, oui : corrigez une erreur dans ce que dit Plikaplov quand il parle des crachats. On a l'impression que c'est à lui qu'on a craché à la figure. C'est une erreur due à la maladresse du copiste, qui a mélangé les lignes et à oublier un bout. »

L'échec du *Mariage* n'est pas intrinsèque à l'œuvre, elle dépend de la mode de l'époque qui était au vaudeville, une importation française. En effet, soit les metteurs en scène russes puisaient dans le fonds dramatique français, soit les dramaturges russes s'inspiraient de ce modèle pour écrire leurs pièces.

Le vaudeville est un genre théâtral, qui à l'origine mineur, désignait une pièce parsemée de chansons ou de ballets. Au XIXe siècle, le vaudeville a évolué et est devenue une comédie légère, populaire, intégrant de nombreuses intrigues et de nombreux rebondissements.

Le Mariage est loin de ce schéma, il n'est composé que d'une seule intrigue et peu nombreux sont les rebondissements, on en compte deux majeurs : le fait que la fiancée soit promise à plusieurs prétendants et que ceux-ci sont invités la même journée, et le départ au dernier acte de Kapilotadov. Le reste de la pièce est prévisible et entre parfaitement dans le schéma d'une intrigue comique.

Le vaudeville connaît son apogée pendant cette période, au XIXe siècle. Ce genre répond à la demande croissante de divertissement et de légèreté que la bourgeoisie montante désire.

Le Mariage, œuvre qui ne s'attarde pas sur les critères de création du vaudeville, refusant les intrigues nouées, privilégie le réalisme, les types sociaux, le verbe et les situations absurdes. C'est par ailleurs cette absurdité qui crée, entre autres, les rebondissements. Le souci de Nikolaï Gogol n'est pas de divertir dans un environnement de grande vacuité, mais de faire la satire d'une tranche sociale de la population, de ridiculiser le fonctionnaire et de le critiquer. Tous les personnages de cette pièce sont sujets à la raillerie, d'autant plus les prétendants, typés sans être caricaturés. Ils sont exposés sur scène sans véritable rôle, ils font figuration, comme ils le font dans le système public russe : ils sont interchangeables, n'ont aucun pouvoir sur la hiérarchie qui est au-dessus d'eux et sont jetés après la sélection du meilleur fonctionnaire avec mépris.

Globalement, les œuvres de Nikolaï Gogol étaient trop innovantes pour le XIXe siècle et la réception de ces œuvres, les ambitions de Nikolaï Gogol en ont souffert. Cependant, c'est grâce à Nikolaï Gogol et à sa persévérance à faire des pièces de théâtre nationales et non pas d'inspiration occidentale que la Russie a gagné sa propre littérature.

LES THÈMES PRINCIPAUX

Nikolaï Gogol applique à sa pièce plusieurs types de comiques. Ils apparaissent de manière ponctuelle et aucun de ces types ne détient une position majoritaire par rapport aux autres types. Le comique n'est pas considéré ici comme un élément essentiel, il sert l'absurde. Par ailleurs, le sous-titre de cette pièce n'est pas *Comédie en deux actes*, mais *Une aventure parfaitement invraisemblable en deux actes*. Le terme d'invraisemblable recouvre plusieurs aspects significatifs. Ce sous-titre est d'abord un pacte de lecture entre le dramaturge et le lecteur. Ce-dernier ne doit pas s'attendre à rire devant une pièce au comique grossier, brut comme peut être le comique moliéresque. Ici les comiques de situation, de geste, de parole, de mœurs et de caractère sont exploités de manière à faire apparaître l'absurde, un absurde qui pourtant est tantôt comique tantôt sérieux. Le comique n'appelle pas nécessairement le rire. L'invraisemblable s'oppose au vraisemblable que le *Lexique des termes littéraires* dirigé par Michel Jarrety définit ainsi :

« Règle issue de la *Poétique* d'Aristote et devenue centrale dans le classicisme : « Jamais au spectateur n'offrez rien d'incroyable / Le vrai peut quelque fois ne pas être vraisemblable », écrit Boileau dans son *Art poétique*. Elle correspond à l'exigence que les fictions soient conformes à l'opinion publique […] le vraisemblable dépend naturellement des codes sociaux et des valeurs de chaque époque. »

Aussi Nikolaï Gogol se positionne-t-il contre cette doctrine. Son objectif n'est pas d'être conforme aux attentes du public, mais de le bousculer, de le scandaliser peut-être. Le dramaturge s'oppose dès le départ aux règles du théâtre occidental. L'invraisemblable dépend tout autant que le vraisemblable des codes sociaux et des valeurs de chaque époque, cependant, au lieu, de les représenter sur scène fidèlement, l'invraisemblable les détourne. Par conséquent, l'invraisemblable peut désigner aussi bien l'absurde que le vrai. Il y a polysémie. Le lecteur dans le doute, dans le conflit d'intérêt que propose l'invraisemblable est tiraillé entre de l'absurde pur et une critique sociale qui lui est directement destinée, puisque le public appartient à cette bourgeoisie qui a financièrement les moyens d'aller au théâtre et qui est également représentée sur scène.

Acte II, scène 5, Kapilotadov est seul et déclame un monologue. Agafia vient d'accepter de se marier et il attend que l'on vienne le chercher, mais il panique et saute par la fenêtre : « Plus qu'une minute, je suis devant l'autel ; même plus moyen de partir – le carrosse est déjà là, tout prêt. […] non, pas moyen. Tiens, la fenêtre est ouverte, ou alors, par la fenêtre ? » Cette scène illustre parfaitement le jeu onomastique qui compose le nom de Kapilotadov.

Dès le premier acte, scène 8, un premier sens se crée : « Quelle folle, attends que je regarde dans la glace ; où tu l'as vu le cheveu blanc ? […] Jésus, tout mais pas ça. C'est pire que la vérole », s'exclame-t-il. Kapilotadov peut par étymologie désigner un souci capillaire, le nom de Kapilotadov étant une version russe et comique de ce substantif.

Le second sens est tout autre : Kapilotadov peut également cacher le sens de « être mis en capilotade » qui signifie « être en très mauvaise situation, suite à une série de coups, d'attaques médisantes ». C'est cette situation qui se développe dans toute la pièce et qui justifie l'angoisse finale de Kapilotadov, dans la scène 5 de l'acte II : angoisse devant le mariage imminent. Kapilotadov n'est pas maître de lui-même et de ses propres décisions, il est guidé soit par son ami Pikaplov, soit par la marieuse. Il exprime sa volonté uniquement à la scène 5, acte II, en fuyant et en refusant de se marier.

Ici le nom de Kapilotadov relève du comique de parole pour décrire un comique de situation. Le spectateur, de ce fait, sait à l'avance, dès l'énoncé de son nom que le personnage de Kapilotadov est destiné à être victime de situation malheureuse. Le fait que le nom du personnage soit prédéterminant est absurde.

Dans le contexte social décrit par Nikolaï Gogol, le mariage perd de son sens. Il n'est plus l'officialisation d'une attirance.

Mamimine veut se marier avec une femme qui parle français : acte II, scène V : « Figurez-vous que, sitôt que je l'ai vue, dès la première fois, j'ai eu comme un pressentiment qu'elle ne connaissait pas le français. »

Omelette, quant à lui, s'intéresse aux biens personnels : acte I, scène 20 : « Allons plutôt dehors, voir la maison et les deux pavillons : si tout va comme je veux, nous aurons fait affaire dès ce soir. »

Chikine cherche des avantages dans le mariage : Acte I, scène 8 : « Tant pis pour la dot ! Certes, c'est bien dommage, encore qu'avec une demoiselle douée de tant de charmes, de toutes ses manières, on pourrait même se passer de dot. Une chambrette (il mesure avec ses mains) avec, comme ça, une petite entrée, un genre de petit paravent, ou bien un genre, je ne sais pas, de petite cloison... »

Le mariage, en tant que rituel social codifié, est caractérisé par des prédicats qui ne lui sont pas propres. Selon une perspective de vraisemblance, si l'on se réfère au *Mariage de Figaro* de Beaumarchais, *Britannicus* de Racine, ou à toute autre pièce, le mariage représenté sur scène est idéalisé et la vraisemblance veut qu'il soit objet d'amour ou de passion, qu'il soit partagé ou non, monstrueux ou non.

Ici, le mariage est vu par le prisme de la réalité : les fonctionnaires ont des difficultés à se marier et le mariage qu'ils désirent avoir est souvent d'une prétention financière et matérielle. De plus, au lieu d'être perçu comme un événement heureux ou comme une source de bonheur, le mariage est vécu par Kapilotadov comme un emprisonnement, une voie sans issue. Le mariage conduit à la folie : Pikaplov veut impérativement marier son ami le soir même alors que lui n'apprécie pas d'avoir épousé la femme que lui a présentée la marieuse. Par conséquent, Kapilotadov saute par la fenêtre, malgré la hauteur, pour échapper au mariage.

La satire s'exerce particulièrement sur le monde des fonctionnaires que connaît Nikolaï Gogol. En effet, l'auteur, avant de se consacrer entièrement au théâtre, était employé au sein d'institutions publiques. Aussi est-il bien renseigné sur ce milieu et, notamment, sur les caractères de ces gens qu'il veut dépeindre, sans pour autant en faire une caricature. Cet avertissement aux acteurs qui souhaitent jouer le *Révizor* vaut également pour le *Mariage*, car il se présente davantage comme un manifeste théorique qu'un conseil spécifique destiné à un unique acteur :

Avertissement à ceux qui souhaiteraient jouer *Le Révizor* comme il doit l'être (1846) : « Ce qu'il faut craindre le plus, c'est de tomber dans la caricature. Rien ne doit être exagéré ou trivial, même dans les plus petits rôles. […] Moins l'acteur pensera à faire rire ou être drôle plus il révélera le comique qu'il aura pris de son rôle. »

Ici il n'est pas question de rendre conforme les personnages selon des types littéraires préexistants. Le personnage éponyme d'*Oblomov* (antonomase qui désigne en Russie, une personne inactive vouée au malheur) qui correspond parfaitement au personnage de Kapilotadov (acte II, scène 17 : « Parce que ce qui est rageant, c'est ça : il part – et il ne s'en fait plus : de l'eau sur un canard -, voilà ce qui est insupportable ! Il rentre chez lui, il se recouche et il rallume sa pipe. ») n'a pas encore été créé. L'intérêt de Nikolaï Gogol est de décrire le vrai. Tous les personnages présentés, et Nikolaï Gogol s'inspire toujours d'anecdotes pour écrire ses histoires, sont directement tirés de son témoignage, de son expérience dans l'administration. L'invraisemblance présente, loin d'être absurde, correspond à la volonté de l'auteur de montrer à son public les dérèglements de la société et l'inhumanité des agents de l'administration. Le comique est présent, il ne prête pas à rire. C'est une comédie sérieuse où le ridicule est tragique et objet de critiques.

ÉTUDE DU MOUVEMENT LITTÉRAIRE

En 1836, les sous-genres dominants sur la scène russe s'apparentent globalement au divertissement : le ballet, l'opéra, le mélodrame et le vaudeville importé de France. Les intrigues sont de natures inoffensives, sont éculées et endorment les esprits. Des opéras tels que *La Norma* de Bellini (Norma, une prêtresse, se venge de son amant qui est tombé amoureux d'une autre femme), *Robert le Diable* de Meyerbeer (mythologie médiévale) et la *Sémiramis* de Rossini (La reine de Babylone, veuve, épouse un nouveau mari, qui n'est autre que le fils de son défunt époux. Celui-ci doit tuer sa mère pour venger son père qu'elle a tué) sont régulièrement représentées.

Gogol dans un article : « Voici déjà cinq ans que les mélodrames et les vaudevilles ont envahi le théâtre du monde entier. »

Entre 1830 et 1848, la Russie est en pleine effervescence intellectuelle. Bien que la Russie bénéficie d'une croissance économique, Nicolas Ier renforce la répression. Il écrase un soulèvement armé en Pologne en 1831. Les intellectuels sont partagés entre l'occidentalisme et le nationalisme slave. Avant cette période, le théâtre national russe est mineur, voire quasi-inexistant.

« De tous les genres de poésie, écrit Bêlinski, c'est la comédie qui a repris le plus faiblement chez nous... En ce qui concerne la comédie, où s'essayèrent une foule d'écrivains, comme Soumarokov, Khéraskov, Kniajnine, Kapnist, Krylov, le prince Chakhovskoï, Zagoskine, Khmêlnitski, Pisarev, etc., malgré la grande richesse de notre littérature en ouvrages de ce genre, il n'y a tout de même rien à signaler que *Le Brigadier* et *Le Mineur* de Fonvizine, *Le Mal de trop d'esprit* de Griboêdov, *Le Réviseur*, *Le Mariage* de Gogol, et ses scènes (le Joueur, le Procès, l'Office). »

Le romantisme s'achève en littérature et le réalisme débute son ascension. Pouchkine réussit à affranchir la littérature russe, et pas seulement le théâtre, du diktat de la littérature étrangère et, plus particulièrement, occidentale. Il s'inspire de ses pairs sans pour autant les imiter. Pouchkine aura inspiré plusieurs générations d'écrivains et aura ouvert une voie à travers l'oppression politique et sociale. Parmi sa génération se trouvent Mikhaïl Lermontov (*Le Prisonnier du Caucase*, 1828), Nicolas Gogol (*Les Âmes mortes*, 1842), Léon Tolstoï (*Guerre et paix*, 1864-1869), Fiodor Dostoïevski (*L'Idiot*, 1868) ou Ivan Tourgueniev (*Un héros de notre temps*, 1841). Le siècle suivant est également inspiré par l'œuvre monumentale et initiatique de Pouchkine : Alexandre Blok, Mikhaïl Boulgakov, Marina Tsvetaïeva et Vladimir Nabokov (*Lolita*, 1955 ; *Pnine*, 1957).

Alexandre Blok à propos de Pouchkine : « Notre mémoire conserve depuis l'enfance un nom joyeux : Pouchkine, ce nom, ce son, empli de joie de nombreux jours de notre vie. Les noms lugubres des empereurs, des chefs de guerre, – les inventeurs d'armes de morts, les bourreaux et les martyres de la vie. Et puis, à côté d'eux, ce nom léger : Pouchkine. »

Cette littérature nationale naît d'un sentiment patriotique. Les écrivains dépeignent la vie russe dans toute sa bassesse, sa trivialité, sa banalité du point de vue de peuple. Le peuple est mis au premier plan, décrit avec réalisme. La structure sociale et le système institutionnel entier est condamné dans l'espoir de voir apparaître des réformes nouvelles et une politique libérale en faveur de la population délaissée par le système. La tâche de la littérature est d'apporter de nouvelles idées, des idées de valeur humaine sous l'influence de Fichte et de Hegel, à portée éducative. La forme, les techniques d'écriture, même si cette littérature compte des dizaines de chef d'œuvres, étaient négligées. Gogol, avec le Révizor, est devenu malgré lui le chef de file de cette esthétique. Belinski, critique littéraire engagé voyant en cette pièce la réunion de tous ces critères esthétiques et idéologiques.

Ivan Gontcharov publie en 1859 Oblomov. Le roman raconte l'histoire d'un propriétaire terrien pétersbourgeois qui cultive sa terre et qui fait preuve d'une grande paresse. Le roman est considéré comme une satire de la noblesse russe du XIXe siècle. Oblomov est aujourd'hui une antonomase en Russie. Le terme désigne une personne inactive vouée au malheur. Ce personnage est devenu a fortiori un personnage typique de la littérature réaliste et nationaliste, il représente le prolétariat russe. La représentation qui figure derrière le nom d'Oblomov est supposée être celle de tout un peuple opprimé. A partir de cette considération, une identité nationale se cristallise autour d'un malheur commun qui fait la condition du Russe.

Dans la première moitié du XIXe siècle, toute œuvre ayant une visée publique : représentation théâtrale, lecture publique ou publication est soumise à la censure. D'abord tolérante, la censure se durcit sous Nicolas Ier. Quasiment tout service administratif pouvait exercer un contrôle sur les écrits destinés à la publication (autorité militaire, Église, universités, Chancellerie impériale), ce qui a eu pour conséquence une majorité d'œuvres censurées ou détruites durant cette époque, plutôt que publiées.

Aussi, comme la littérature s'avère être le seul support d'expression au service d'une pensée libérale, à tendance libertaire, plusieurs écrivains se sont révoltés contre ce système et ont multiplié les critiques acerbes contre la Russie. Dans cette veine extrémiste, le Prince Viazemski fait preuve d'une grande véhémence contre l'empire russe : poète, traducteur et critique littéraire russe, alors jeune officier, il s'allie aux troupes polonaises qui subissent le joug de l'empire et à l'armée napoléonienne contre la Russie.

DANS LA MÊME COLLECTION
(par ordre alphabétique)

- **Anonyme**, *La Farce de Maître Pathelin*
- **Anouilh**, *Antigone*
- **Aragon**, *Aurélien*
- **Aragon**, *Le Paysan de Paris*
- **Austen**, *Raison et Sentiments*
- **Balzac**, *Illusions perdues*
- **Balzac**, *La Femme de trente ans*
- **Balzac**, *Le Colonel Chabert*
- **Balzac**, *Le Lys dans la vallée*
- **Balzac**, *Le Père Goriot*
- **Barbey d'Aurevilly**, *L'Ensorcelée*
- **Barbey d'Aurevilly**, *Les Diaboliques*
- **Bataille**, *Ma mère*
- **Baudelaire**, *Les Fleurs du Mal*
- **Baudelaire**, *Petits poèmes en prose*
- **Beaumarchais**, *Le Barbier de Séville*
- **Beaumarchais**, *Le Mariage de Figaro*
- **Beauvoir**, *Mémoires d'une jeune fille rangée*
- **Beckett**, *En attendant Godot*
- **Beckett**, *Fin de partie*
- **Brecht**, *La Noce*
- **Brecht**, *La Résistible ascension d'Arturo Ui*
- **Brecht**, *Mère Courage et ses enfants*
- **Breton**, *Nadja*
- **Brontë**, *Jane Eyre*
- **Camus**, *L'Étranger*
- **Carroll**, *Alice au pays des merveilles*
- **Céline**, *Mort à crédit*

- **Céline**, *Voyage au bout de la nuit*
- **Chateaubriand**, *Atala*
- **Chateaubriand**, *René*
- **Chrétien de Troyes**, *Perceval ou le conte du Graal*
- **Chrétien de Troyes**, *Yvain ou le Chevalier au lion*
- **Cocteau**, *La Machine infernale*
- **Cocteau**, *Les Enfants terribles*
- **Colette**, *Le Blé en herbe*
- **Corneille**, *Le Cid*
- **Crébillon fils**, *Les Égarements du cœur et de l'esprit*
- **Defoe**, *Robinson Crusoé*
- **Dickens**, *Oliver Twist*
- **Du Bellay**, *Les Regrets*
- **Dumas**, *Henri III et sa cour*
- **Duras**, *L'Amant*
- **Duras**, *La Pluie d'été*
- **Duras**, *Un barrage contre le Pacifique*
- **Flaubert**, *Bouvard et Pécuchet*
- **Flaubert**, *L'Éducation sentimentale*
- **Flaubert**, *Madame Bovary*
- **Flaubert**, *Salammbô*
- **Gary**, *La Vie devant soi*
- **Giraudoux**, *Électre*
- **Giraudoux**, *La Guerre de Troie n'aura pas lieu*
- **Gogol**, *Le Révizor*
- **Homère**, *L'Odyssée*
- **Hugo**, *Hernani*
- **Hugo**, *Les Misérables*
- **Hugo**, *Notre-Dame de Paris*
- **Huxley**, *Le Meilleur des mondes*
- **Jaccottet**, *À la lumière d'hiver*
- **James**, *Une vie à Londres*
- **Jarry**, *Ubu roi*

- **Kafka**, *La Métamorphose*
- **Kerouac**, *Sur la route*
- **Kessel**, *Le Lion*
- **La Fayette**, *La Princesse de Clèves*
- **Le Clézio**, *Mondo et autres histoires*
- **Levi**, *Si c'est un homme*
- **London**, *Croc-Blanc*
- **London**, *L'Appel de la forêt*
- **Maupassant**, *Boule de suif*
- **Maupassant**, *Le Horla*
- **Maupassant**, *Une vie*
- **Molière**, *Amphitryon*
- **Molière**, *Dom Juan*
- **Molière**, *L'Avare*
- **Molière**, *Le Malade imaginaire*
- **Molière**, *Le Tartuffe*
- **Molière**, *Les Fourberies de Scapin*
- **Musset**, *Les Caprices de Marianne*
- **Musset**, *Lorenzaccio*
- **Musset**, *On ne badine pas avec l'amour*
- **Perec**, *La Disparition*
- **Perec**, *Les Choses*
- **Perrault**, *Contes*
- **Prévert**, *Paroles*
- **Prévost**, *Manon Lescaut*
- **Proust**, *À l'ombre des jeunes filles en fleurs*
- **Proust**, *Albertine disparue*
- **Proust**, *Du côté de chez Swann*
- **Proust**, *Le Côté de Guermantes*
- **Proust**, *Le Temps retrouvé*
- **Proust**, *Sodome et Gomorrhe*
- **Proust**, *Un amour de Swann*
- **Queneau**, *Exercices de style*

- **Quignard**, *Tous les matins du monde*
- **Rabelais**, *Gargantua*
- **Rabelais**, *Pantagruel*
- **Racine**, *Andromaque*
- **Racine**, *Bérénice*
- **Racine**, *Britannicus*
- **Racine**, *Phèdre*
- **Renard**, *Poil de carotte*
- **Rimbaud**, *Une saison en enfer*
- **Sagan**, *Bonjour tristesse*
- **Saint-Exupéry**, *Le Petit Prince*
- **Sarraute**, *Enfance*
- **Sarraute**, *Tropismes*
- **Sartre**, *Huis clos*
- **Sartre**, *La Nausée*
- **Senghor**, *La Belle histoire de Leuk-le-lièvre*
- **Shakespeare**, *Roméo et Juliette*
- **Steinbeck**, *Les Raisins de la colère*
- **Stendhal**, *La Chartreuse de Parme*
- **Stendhal**, *Le Rouge et le Noir*
- **Verlaine**, *Romances sans paroles*
- **Verne**, *Une ville flottante*
- **Verne**, *Voyage au centre de la Terre*
- **Vian**, *J'irai cracher sur vos tombes*
- **Vian**, *L'Arrache-cœur*
- **Vian**, *L'Écume des jours*
- **Voltaire**, *Candide*
- **Voltaire**, *Micromégas*
- **Voltaire**, *Zadig*
- **Zola**, *Au Bonheur des Dames*
- **Zola**, *L'Argent*
- **Zola**, *L'Assommoir*
- **Zola**, *Nana*